Von Hans Kruppa sind im Coppenrath Verlag außerdem erschienen:

Ein bißchen Glück für jeden Tag
ISBN 978-3-8157-7930-9

Jede Liebe ist ein Wunder
ISBN 978-3-8157-8496-9

Das Leben hat täglich Geburtstag
ISBN 978-3-8157-9281-0

Du schenkst mir so viel Glück
ISBN 978-3-8157-9557-6

Willst du fliegen, laß dich fallen
ISBN 978-3-8157-9558-3

ISBN 978-3-8157-9720-4

Illustrationen: Nicole Braunschweig
Grafische Gestaltung: Manuela Altrichter

Printed in China
www.coppenrath.de

Hans Kruppa

Das Glück ist immer nah

Gedichte

COPPENRATH

Inhalt

I. KAPITEL

Der Zauber des Augenblicks

Das Glück ist immer nah

Das Glück ist immer nah.

In den Ohren
eines Unglücklichen
klingen diese Worte
wie eine Lüge –
doch sie sind wahr.

Das Glück ist immer nah.

Manchmal genügt es,
sich einfach nur
innerlich umzudrehen.

Was leuchten will

Was glücken kann,
das kann nur glücken,
wenn eine liebevolle Hand
es berührt
und eine lächelnde Seele
es inspiriert.

Was wirklich leuchten will,
braucht strahlende Augen,
die es betrachten
in atemloser Verzauberung.

Atemlos

Auf den Wellen
der Zeit zu reiten,
ist ein schwebendes Gleiten –

wunschlos,
weil der Augenblick die Erfüllung ist –
atemlos,
weil die Seele den Atem anhält,
bevor sie springt
und lächelnd ihre Flügel ausbreitet –

als hätte sie nie
etwas anderes getan.

Immer leichter

Gelöst und frei
sinke ich tiefer und tiefer
in den Augenblick –
ein Lächeln im Gesicht,
dankbare Stille im Bewußtsein.

Immer leichter werde ich,
immer schöner wird,
was ich sehe,
wenn ich die Augen schließe.

Bitte mich nicht um Worte,
lies in meinem Schweigen.

Von dort

Wie du eben gelacht hast –
als hätte die Lebensfreude
höchstpersönlich
aus dir gesprochen!

Ich möchte ins Innerste
deines Lachens steigen
und von dort
dem Ernst des Lebens
eine lange Nase zeigen.

Sie lacht

Sie tanzt,
die Welt dreht sich
unter ihren Füßen
wie ein großer Spielball.

Sie lächelt.
Ihr Lächeln
kommt von innen.
Und kein böser Blick
kann es ihr weggucken,
so stark ist es.

Sie lacht,
denn sie ist
mit Haut und Haaren
verliebt ins Leben.

Hörst du ihr Lachen nicht –
ganz tief in dir?

Federleicht

Federleicht
ist dieser Augenblick –
und doch stark genug,
mich zu tragen,
und mutig genug,
sich mir zu schenken,
ohne sich zu fragen,
ob ich ihn annehme.

Nein, er ist nicht mutig,
er weiß nur allzu gut,
daß ich den Wert
des Höhenfluges kenne,
den er mir schenkt.

Liebeserklärung

Ich atme
den Augenblick ein –
seinen Duft,
seine Frische,
seine Einmaligkeit.

Ich schmecke seine Heiterkeit,
genieße seinen Zauber,
fließe mit seiner Musik.

Ich liebe den Augenblick.
Und er spürt es.
Vielleicht liebt er
deshalb auch mich.

In der Tiefe

Was nicht genossen wird,
verdirbt traurig.
Was nicht gelebt wird,
verblaßt unerkannt.
Was nicht gefühlt wird,
geht stumm verloren.
Was nicht wahrgenommen wird,
bleibt unverwirklicht.

Das Kostbarste
liegt geheimnisvoll
in der Tiefe des Augenblicks.

Einfach einfach

Es ist so einfach,
das zu lieben,
was glücklich macht;
so einfach,
sich von dem zu lösen,
was lähmt und behindert.
Es ist so einfach,
die richtigen Worte zu wählen
und die falschen ungesagt zu lassen;
so einfach,
ohne Grund zu lächeln
und froh zu sein.

Es ist nicht so einfach,
daß es schon wieder schwierig wäre.

Es ist einfach einfach.

Intensiv

So intensiv
leuchtet der Augenblick,
daß er mich ganz
in seinem Bann hält.

So magisch
klingt die Musik,
daß ich alles vergesse,
während ich auf
ihrem Klangteppich schwebe.

Lebe den guten Augenblick

Lebe den guten Augenblick,
genieße das schöne Gefühl,
vertage das Lebenswerte nie auf morgen.
Morgen kommt zu spät.

Das wahre Leben ereignet sich
immer in der Gegenwart.
Nur in der Tiefe des Augenblicks
findest du den Sinn des Lebens.

Das Glück ist keine Beute

Jäger des Glücks,
legt eure Waffen ab,
gebt euren Ehrgeiz auf,
vergeßt eure Pläne und Strategien –
das Glück ist keine Beute,
die ihr erlegen könnt,
es ist kein Sieg, kein Triumph,
sondern ein Geschenk.

Gebt eure Jagd auf
und geht nach Hause.
Kommt zu euch,
kommt bei euch an,
und vielleicht kommt dann
das Glück zu euch von dort,
wo ihr es am wenigsten vermutet –

von innen.

Flugsaat

Der Wind ist günstig,
es riecht nach Abenteuer.

Ich werfe mein Herz
ins Spiel der Lüfte:

Flugsaat für die guten
Launen des Schicksals.

Da sein

Wie gut es ist,
dem Dasein
Bedeutung zu schaffen
und seine Dankbarkeit
zu spüren,
wenn es bekommt,
was sein ist.

Wie schön ist es
für das Dasein,
da zu sein.

Die Zeit füllen

Beschwingt von
Augenblick zu
Augenblick tanzen,
mit Heiterkeit
die gute Zeit füllen,
von innen lächelnd
mit dem Leben flirten,
in magischer Musik baden,
die Zeit gut füllen.

Lichtblick

Dem Lachen
in meinem Bauch
sind Flügel gewachsen,
die duften
in allen Farben
des Regenbogens
nach Musik.

Nahrung

Dies ist die Nahrung,
die den Hunger
der Sehnsucht stillt:
der ganz erkannte,
ganz gelebte
und geliebte Augenblick,
der das Herz erfüllt,
den Körper liebkost
und die Seele beglückt.

II. KAPITEL

Begegnungen

Beim ersten Besuch

Ich sah das Licht
in deinen Augen,
das Leben in deinem Gesicht,
die Freude
in deinem Lächeln.
Ich fühlte die Wärme
deiner Nähe,
die Klarheit
deiner Gedanken,
die Schönheit
deiner Umarmung
beim Abschied,
die mir sagte,
daß du wiederkommen wirst.

An dich

Dein Lächeln wird mir fehlen,
dein Lachen, deine Lebensfreude,
der Glanz in deinen Augen,
dein Charme, deine Natürlichkeit.
Ich bin glücklich, dir begegnet zu sein.
Du hast mir so viel gegeben.

Ich habe dein inneres Licht gesehen –
es strahlt wunderschön.

Meine Erinnerung an dich
wird immer lächeln.

Wortlos

Deine Zärtlichkeit
war ein so schönes Geschenk,
daß mir die Worte fehlten,
dir zu danken –

und nur mein Schweigen
dir sagen konnte,
was ich erlebte,
als ich dich erlebte.

Warum?

Warum redest du so viel,
wenn du viel mehr geben kannst
mit deinem Schweigen?
Warum denkst du so gern,
wenn dein Bestes
hinter der Grenze des Denkens liegt?
Warum öffnest du nicht dein Herz
und zeigst dich?

Du bist viel mehr,
als du denkst.

Ganzes Vertrauen

Die Angst davor,
von dem Zauber
überwältigt zu werden,
zerstört ihn unweigerlich.
Die Magie zwischen uns
braucht unser ganzes Vertrauen,
um sich entfalten zu können.
Die Sehnsucht,
den Zauber zu erleben,
muß stärker sein als unsere Angst,
sich darin zu verlieren –

sonst bleibt es bei der Nüchternheit,
sonst bleibt es beim Alltäglichen.

Wie ein Traum

Dein Lächeln konnte alles
und nichts bedeuten,
deine Worte waren unverbindlich
wie dein Schweigen,
dein Körper lockte und verbot,
dein Gesicht verbarg
den Kampf zwischen Kopf und Herz.

Du machtest dich zu einem Rätsel,
das ich vielleicht hätte lösen können,
aber gerade das wolltest du nicht.

Alles an dir war wie ein Traum,
der augenblicklich enden konnte
und nichts hinterlassen würde
als schnell zerfließende Erinnerung.

Spiegeleffekte

Deine Zärtlichkeit
weckt meine Zärtlichkeit,
deine Härte
provoziert meine Härte.

Wie du mich berührst,
so berühre ich dich.

Schau in mich hinein –
und du siehst dein Gesicht.

Die Schritte deines Herzens

Du überraschst mich,
gibst mir Rätsel auf,
bist unbegreiflich,
schenkst mir Schätze
und nimmst sie mir wieder –
und ich frage mich
nicht zum ersten Mal,
ob ich nicht im Kreis gehe,
wenn ich dich suche.

Ich werde stehen bleiben
und die Augen schließen.
Ich werde lauschen,
bis ich die
Schritte deines Herzens
hören kann.
Dann finde ich dich
mit geschlossenen Augen.

Kein Land

Dich treibt deine Suche nach Liebe
in ferne warme Länder,
wo du sie ebensowenig findest
wie auf unseren kalten Straßen,
weil sie kein Land ist,
sondern ein Zustand.

Einerseits gibst du mir recht,
andererseits sehnst du dich zurück
nach Ländern, wo du der Liebe
näher warst als hier,
und du träumst von einem Flugticket
nach Nepal oder Kaschmir.

Wach auf –
oder willst du erst
um den halben Erdball fliegen,
nur um einzusehen:
Die Welt dreht sich in dir.

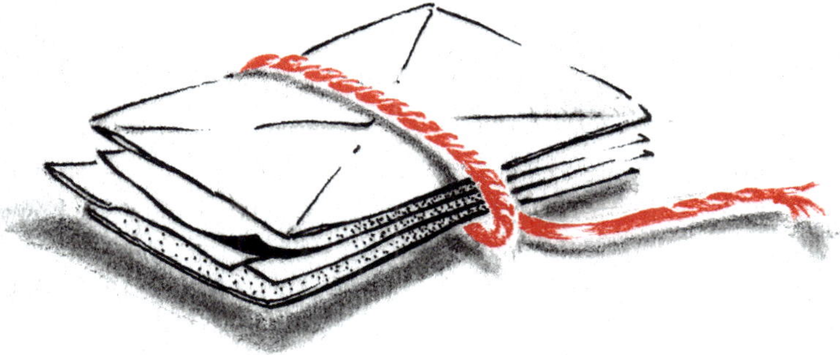

Zwei Fragen

Ich finde,
wir könnten uns
mehr geben,
ohne uns etwas
zu vergeben.

Findest du nicht auch?
Oder suchst du nicht?

Nicht nur du

Nicht nur du
hast etwas zu verlieren,
nicht nur du
mußt Ängste überwinden.

Auch ich bin verletzlich,
auch ich könnte
auf den Gedanken kommen,
mich vor dir zu schützen,
aber ich kann es nicht,
weil ich es nicht will.

Volles Vertrauen

Dein Vertrauen
gab mir die Chance,
dir zu vertrauen.
Hätte es auch nur
einen kleinen Rest von Zweifel
in sich geborgen,
wäre dieser Zweifel
der plötzliche Windstoß geworden,
der mich von dem hohen Seil
gestoßen hätte,
auf dem ich die Kluft
zwischen dir und mir überquerte.

Spannung

Was du für mich fühlst –
versteck es nicht.

Diese Sehnsucht
ist ein Rätsel,
das die Liebe lösen wird
im Augenblick der Wahrheit.

Ich bin
gespannt auf uns.

Im Wind

Es ist gut,
Freunde zu haben,
die verstehen
und abwarten können –

denn eines Abends
steht man ganz allein
auf einer Hafenmauer
und hört ihre Stimmen
im Wind.

Deine Flügel

Laß die Liebe frei,
die du in dir gefangenhältst,
aus Angst, sie könnte
den Rahmen deines Lebens sprengen,
wenn du sie gehen läßt,
wohin sie gehen will.

Ich weiß einen Himmel,
dort könnte sie fliegen.
Auch wenn du ihre Flügel
vor dir selbst versteckst –
ich habe sie gesehen.

Mit gemischten Gefühlen

Dir macht es nichts aus,
deinen Stolz zu vergessen,
wenn du liebst.

Wie oft hast du schon
dein Gesicht verloren
und dir ein neues gemacht
aus dem Stoff deiner Hoffnung!

Ich erlebe dich
mit gemischten Gefühlen,
doch in deiner Schwäche
liegt eine Stärke,
die ich bewundere.

Deine Rückkehr

Jetzt bist du zurückgekommen,
hast doch noch einmal
an die Tür geklopft,
die ich dir damals
nicht öffnen konnte –
aus Angst sicherlich,
aus Schwäche vielleicht.

Länger als ein Jahr
hast du gezögert –
welch ein Geschenk
hast du mir heute
mit deinem Besuch gemacht!

Froh wie ein Schmetterling
über einer bunten Blumenwiese
hast du mich zurückgelassen,
und ich gebe dir mein Wort:
Du wirst nie wieder
vergeblich meine Nähe suchen.

III. KAPITEL

Enden und Wenden

Scheitern

Verstecken
mochte ich nicht
mit dir spielen.
Still werden
wollte ich mit dir
und unser Einssein feiern.
Du aber suchtest Hilfe
bei der Suche nach
deiner Einzigartigkeit.

So blieben wir getrennt:
zwei Fremde,
die keine gemeinsame Sprache fanden.

Keine Tränen

Ich werde keine Tränen vergießen
über unsere verpaßten Chancen.
Ich werde trauern,
aber mich nicht quälen.
Was ändert Verzweiflung
am Unabänderlichen?

Dem Scheitern
ein Lächeln der Gelassenheit zeigen –
das wäre einen Versuch wert!

Unbeirrt

Das Eigentliche liegt
besinnungslos am Boden,
zermürbt von sinnlosen Kämpfen,
in die wir uns verloren haben.
Wir überlassen es seiner Ohnmacht,
zu sehr sind wir beschäftigt
mit dringlichen Belanglosigkeiten.
Ob es erwacht und aufsteht,
um uns den Weg zu zeigen,
steht noch dahin.
Bis dahin gehen wir
unbeirrt in die Irre.

Verschiedene Wege

Du sagst,
ich habe dich erschüttert –
so sehr, daß du befürchtest,
von deinem Weg abzukommen.

Auch du hast mich bewegt,
doch ich teile deine Angst nicht.
Wenn ich durch dich
von meinem Weg abkomme,
ist es mein Weg,
von meinem Weg abzukommen.

Worum es dir ging

Du hast Sturm geklingelt
an der Tür meines Herzens,
und als ich sie nicht
schnell und weit genug öffnete,
bist du gegangen,
zu einer anderen Tür,
denn es ging dir
nicht so sehr um mich
wie um die Erfüllung
deiner Sehnsucht.

Weiterentwicklung

Du konzentrierst dich zu sehr
auf die Wahrnehmung
deiner vermeintlichen Interessen,
um deine wirklichen Interessen
wahrnehmen zu können.

Dein Verstand übertönt
die leise Stimme deiner Seele.
Und je weiter du von deinem
eigentlichen Kurs abkommst,
desto weniger spürst du es.
Du gehst dir mehr und mehr verloren
und glaubst noch,
du würdest dich weiterentwickeln.

Ja, du entwickelst dich weiter –
immer weiter weg von dir.

Das Unverhoffte

Wir haben uns nicht kennengelernt,
damit ich deine Bedürfnisse befriedige,
damit ich die Rolle spiele,
die du mir zugedacht hast.

Du hast nicht für möglich gehalten,
daß ich dir etwas zu geben hatte,
was jenseits des Horizonts
deiner Wunschvorstellungen lag.
Ich habe keinen Namen dafür.
Es hätte dir mehr schenken können,
als du dir von mir erhofft hast.

Du hättest es sehen können,
wenn deine Seele offen
für das Unverhoffte gewesen wäre.

Enttäuscht?

Du kannst
mich nicht
mehr enttäuschen,
seit ich mich
nicht mehr
in dir täusche.

Bist du jetzt
enttäuscht?

Trostpflaster

So schön,
wie du mir
„Mach's gut"
gesagt hast,

hat mich
noch niemand
im Stich gelassen.

Widersprüchlich

Du kannst so viel versprechen
und so wenig halten.
Du kannst so viel geben
und noch mehr nehmen.
Du kannst so ehrlich sein
und so gut täuschen.

Deine Widersprüchlichkeit
erregt meinen Widerspruch.
Und ich suche das Weite,
denn in deiner Nähe
finde ich kein Vertrauen.

Verluste

Das Beste daran,
dich verloren
zu haben,
ist,
daß ich
meine Angst
verloren habe,
dich zu verlieren.

Dein armes Herz

Sicherlich hast du ein Herz,
aber auch einen Verstand,
der glaubt,
er sei klüger als dein Herz.

Dein Herz traut ihm nicht,
doch es gehorcht ihm trotzdem,
denn es traut
sich selbst noch weniger.

Das Schönste zwischen uns

Umarme mich,
bevor ich verzweifle
im Zweifel deines Blicks.

Halte mich,
bevor ich ermüde
vor der verschlossenen
Tür unseres Glücks.

Beseele mich,
bevor das Jetzt
zum Irgendwann wird
und das Schönste zwischen uns
seine Schönheit verliert.

Inseln des Zaubers

Meine Augen können Schönheit sehen,
auch ohne deine gelegentliche Nähe.
Du hast mich verletzt,
und ich frage meine Seele,
ob sie dir verzeihen kann.
Sie antwortet:
Sieh dir den Sonnenuntergang an!

Also gehe ich zum Fenster
und sehe ins Licht.
Die Wolken am Horizont
sehen aus wie Inseln im Meer,
Inseln des Zaubers.
Ich werde sie wieder erreichen,
aber nicht mehr mit dir.

Zugvögel fliegen
zu Hunderten über mich hinweg,
als wollten sie mir
das Zeichen zum Aufbruch geben.

Dein Sprung

Du bist ganz einfach
über den Schatten
deiner Ängste gesprungen
und hast mir gezeigt,
was du fühltest,
als ich schon
so gut wie sicher war,
daß die Mauer
deiner Worte halten würde.

Schön war dein Sprung,
unverhofft mutig und sanft,
mitten ins Herz
des befreiten Augenblicks.

Befreiung

Du hast mir meine Traurigkeit
aus der Seele gelächelt,
als ich das Licht
am Ende des Tunnels
nicht mehr sehen konnte.

Als ich nicht mehr
an dich glauben wollte,
hast du mich so wunderbar berührt,
daß meine Hoffnungslosigkeit
sich in Dankbarkeit auflöste.

IV. KAPITEL

Fundsachen

Eine unmögliche Liebe

Eine unmögliche Liebe
ist immer voller Möglichkeiten,
weil keine Mauer aus Erfahrung
ihr die Aussicht einschränkt –
sie ist immer voller Zukunft,
weil die Gegenwart nicht
zu ihrer Vergangenheit wird –
sie ist unsterblich,
denn was nicht existiert,
kann niemals enden.

Eine unmögliche Liebe ist womöglich
die vorteilhafteste aller Lieben.

Warum nimmt man nur so ungern
ihren einzigen Nachteil hin,
den ihrer Unmöglichkeit?

Wünschen und Vergessen

Das Schönste kommt oft unerwartet,
als würde es vor unserer Hoffnung
auf sein Erscheinen zurückschrecken.

Es scheint ein Merkmal dessen zu sein,
was wir uns am meisten wünschen,
daß es sich gern dann ereignet,
wenn wir die Hoffnung auf sein Kommen
beiseite gelegt haben.

Also will ich mir etwas wünschen –
und es dann vergessen;
will es nicht weiter tragen
wie eine zweite Haut,
die zum Schutzschild
gegen das werden kann,
was ich mir ersehne.

So herum

Es ist nicht mein Ziel,
dich glücklich zu machen.

Es ist mein Ziel,
so zu leben,
daß ich so glücklich bin,
daß mein Glück
dich glücklich macht.

Leicht gesagt

Deine Ängste in Ehren,
aber dir bleibt
keine andere Wahl,
als sie zu verlieren,
wenn du
deine Träume
leben willst.

Das Versprechen

Die Sprache
verspricht,
es so zu sagen,
wie das Leben
es meint.

Aber nicht
ein Wort
hält Wort.

Dieses Pferd

Diese Skepsis,
diese Vorsicht,
dieses Einordnenwollen,
Aufnummersichergehen –

dieses Pferd,
das der Verstand reitet,
lenkt und zügelt –

dieses Pferd,
das seinen Zauber
und seine Schönheit
nur entfalten kann,
wenn es frei ist ...

Was ich dir wünsche

Die Wahrheit kann dich
genauso gut
zur Entschlossenheit führen
wie der Irrtum.
Die Angst kann dich
genauso gut
zu einer Entscheidung führen
wie der Mut.
Das Vertrauen kann dich
genauso gut
zu einer Erfahrung führen
wie die Skepsis.

Ich wünsche dir die Weisheit,
zwischen den guten
und den schlechten Führern
unterscheiden zu können.

Falsche Gewichtungen

Die Angst mancher Menschen
vor der Liebe ist noch größer
als ihre Angst vor einem lieblosen,
unerfüllten Leben.
Sie setzen falsche Gewichtungen.

Wer sich der Liebe verweigert,
verbaut sich den Weg
in den Bereich des Lebens,
in dem die Wirklichkeit
den Traum übertreffen kann
und die Frage
nach dem Sinn des Seins
ihre tiefste und schönste
Antwort findet.

Paradox

Wir liegen
an einem Strand,
wo das Wasser
so klar ist,
daß Leib und Seele
tief aufatmen –

befreit von der Last
der Industrie und Technik,
dem Gestank der Autos
und dem Lärm der Flugzeuge,

ohne die wir
nicht hier wären.

Fundsache

Wem gehört dieses Gedicht?
Es besteht aus sechs Zeilen,
liest sich wie eine Suchanzeige
und hört auf den Namen „Fundsache“.

Es ist mir eben zugelaufen
und hat mich zum Lachen gebracht.

Herz und Kopf

Es ist nicht immer leicht,
an Jahren zu gewinnen
und nicht traurig zu sein
über den Anblick von Ruinen,
die einmal Häuser waren,
in denen es sich leben ließ und lieben.
Es ist nicht immer leicht,
Geburtstage zu feiern
und nicht wehmütig zu werden
über das, was nicht mehr ist,
außer im Gedächtnis des Herzens.

Das Herz in seiner unheilbaren Sehnsucht
hängt an zerbrochener Gemeinsamkeit,
trauert verpaßten Chancen nach,
längst demaskierten Illusionen,
sehnt sich zurück nach verlorenem Glück.

Der Kopf wirft alles aus dem Fenster.
Das treue Herz sammelt es heimlich ein
und bringt es durch die Hintertür
wieder ins Haus hinein.

Die Liebe bewegt uns

Wenn die Liebe an die Tür
unserer Seele klopft,
und wir ihr nicht öffnen,
sollten wir uns ernsthaft fragen,
warum wir eigentlich leben.

Wer sich vor der Liebe
fürchtet und versteckt,
anstatt sich ihr zu öffnen
und mit ihr zu gehen,
verödet innerlich,
denn die Liebe bewegt uns,
und nur in der Bewegung
bleiben wir lebendig.

Besser so

Es ist besser,
wenn die Liebe uns umarmt
und in Traurigkeit zurückläßt,
als wenn sie
an uns vorbeigegangen wäre,
ohne uns zu berühren.

Menschen

Menschen können
so enttäuschend sein,
so verletzend,
so verständnislos.

Menschen können
so beglückend sein,
so einfühlsam,
so warmherzig.

Menschen können
in jeder Hinsicht
so überraschend sein,
daß man von ihnen
eigentlich immer
Unerwartetes erwarten muß.

Wie Blüten im Winter

Niemand ist perfekt –
aber Momente
können perfekt sein,
Stunden, Abende,
die Menschen erleben,
wenn das Perfekte in ihnen
sich öffnet wie Blüten im Winter.

So eine Zärtlichkeit

Manchmal sehne ich mich
nach einer Zärtlichkeit,
die Berge ungelebter Zeit
versetzen kann,
mir die Augen schließt
und die Seele so weit öffnet,
daß alle Grenzen
sich in Duft auflösen.

Nur wer tief tauchen kann

Nur wer das Leben
mit liebenden Augen betrachtet,
erkennt seinen verborgenen Sinn,
seinen versteckten Reichtum,
seine unsichtbare Schönheit.

Ich bete die Liebe an,
denn ich weiß:
Nur wer tief lieben kann,
der kann auch tief leben.

Und nur wer tief
in das Meer des Lebens tauchen kann,
versteht es auch,
hoch in seinen Himmel zu fliegen –
mit den Flügeln,
die ihm die Liebe verleiht.

Glück

Glück ist,
wenn die Liebe
gar nicht klingelt,
weil die Tür
schon offensteht –

und jedes Wort,
das du nicht sagst,
sich in ein Lächeln
verwandelt.

Hand in Hand

Gefühle suchen sich Worte,
die ihnen passen wie Kleider,
Worte, die sitzen,
Worte, die ihnen liegen.
Gefühle suchen sich Worte,
die sie gern tragen,
Worte, die ihnen entsprechen,
Worte, die ihnen zusagen.

Gefühle brauchen keine Worte,
aber manchmal gehen sie
gern mit ihnen Hand in Hand
durch Buchstabenzeilen spazieren.

Was bleibt, ist Poesie.

V. KAPITEL

Im Raum unseres Lächelns

Unsere Liebe

Unsere Liebe
ist das Herz meines Lebens,
sein Klopfen öffnet
jede Tür in mir.

Unsere Liebe
ist das Licht,
in dem ich die Welt sehe
und Schönheit finde
auf meinen Wegen
durch das Chaos.

Unsere Liebe
ist das Märchen,
das sich selbst erzählt
hinter dem Rücken einer Wirklichkeit,
der jeder Zauber fehlt.

Eine Welt für sich

Es ist eine wunderschöne Nacht.
Die Stadt schläft –
und wir wachen und lachen
über nichts und wieder nichts,
und ich lieb dich
und du mich.
Das Zimmer
ist eine Welt für sich,
gemacht aus Wärme,
Harmonie und Kerzenlicht.

Du bringst mir Rosinen,
legst deinen Kopf
auf meinen Rücken
und schweigst.
Dein Schweigen
ist unser Schweigen,
dein Herz fühlt
in meiner Brust,
mein Atem fließt
durch deinen Körper.

Im Licht der Liebe

Wir strahlten uns an
im Licht der Liebe.

Deine Augen waren
klares blaues Feuer,
in dem die Angst verbrannte.

Ich sah plötzlich
aus großer Höhe
auf das Leben
und erkannte:

Es ist heller,
es ist leichter,
als ich je
zu träumen gewagt hätte.

Ganz und gar

In deinen Händen
liegt ein Zauber,
der in meinen Körper
und meine Seele fließt,
wenn du mich berührst
und ich die Welt vergesse,
weil ich ganz und gar
in dem Leben aufgehe,
das uns durchströmt –

wenn wir es einfach nur
geschehen lassen.

Zeitloses Glück

Du hast
den Schleier aufgelöst,
der viel zu lange
meine Sicht behinderte.

Nun sehe ich die Farben
deiner Seele tanzen
im Rausch des Augenblicks,
der keine Zeit kennt
im Bann unseres Glücks.

Helle Freude

Du hast mich
so maßlos beschenkt
mit heller Freude,
daß mir
unser Glück
im Gesicht
geschrieben steht.

Jeder kann es lesen,
doch wir
können es leben.

Ganz geborgen

Ich lasse mich sinken
in die Tiefen deiner Nähe,
den Glanz deiner Blicke,
den Sinn deines Schweigens,
die Magie deiner Hände.

Ganz geborgen im Augenblick,
lieg ich wunschlos glücklich
neben dir im tiefen Zauber
unserer erfüllten Sehnsucht.

Wenn es klingelt

Jetzt sitz ich hier,
höre Musik und warte
auf deinen Anruf –

und wenn es klingelt,
fängt mein Tag an.

Wie von selbst

Im Aufwind
deiner Ausstrahlung
kommt mein Lächeln
wie von selbst,
schwingt sich
von meinen Lippen
in die Lüfte,
breitet sich aus
im ganzen Raum
und wird zu einem
fliegenden Teppich,
auf dem unsere Seelen
sich schwerelos vereinigen.

Der richtige Moment

Laß dein Herz fliegen,
es war noch nie so leicht,
der Himmel hat
die Wolken vergessen,
der Wind trägt
den Duft der Verzauberung.

Spürst du nicht auch,
wie uns die Seele
in die Höhe hebt?

Ohne Wenn und Aber

Ohne Ängste,
ohne Zweifel,
ohne Wenn und Aber
öffnest du dich mir,
vertraust mir
deine Seele an,
als wüßtest du genau,
daß ich dich nicht
enttäuschen kann –

weil du dich nicht
in mir täuschst.

Zum Greifen nah

Hand in Hand
möchte ich mit dir gehen
in das Herz dieses Spiels
zwischen unsren Blicken,
Händen und Lippen,
das uns lächeln läßt
und mit heiterem Leben erfüllt,
und das Glück
ist zum Greifen nah;
doch wir hüten uns davor,
die Hände danach auszustrecken –

wir lassen es uns ergreifen.

Wie spielende Kinder

Wieviel Wunderbares
hast du mir geschenkt
in so wenigen Stunden!

Wie leicht das Leben
in deiner Nähe wurde,
als wir lachten
wie spielende Kinder
und im Augenblick aufgingen,
in vielen Augenblicken –

und jeder einzelne
war unvergeßlich.

Die Farben deiner Seele

Mit dem Vertrauen eines Narren
ging ich mit
weit offenen Armen
in den Garten deiner Liebe –
bereit, Bäume zu umarmen,
Blüten zu küssen
und das Flüstern der Gräser
zu verstehen.

Die Sonne schien.
Ein Schmetterling
setzte sich auf meinen Arm,
öffnete seine Flügel
und zeigte mir
die Farben deiner Seele.

Spiegelgedicht

Ein Spiegel bin ich
dir und deiner Liebe,
ein Spiegel
ohne Rahmen, ohne Grenzen.
Und wenn er einmal bricht,
spiegelt noch
jede seiner Scherben
dein wahres Gesicht.

Im Raum unseres Lächelns

Ich spüre so viele Türen
im Raum unseres Lächelns,
hinter denen sonnige Zimmer
mit magischen Ausblicken liegen.

Ich ahne einen Reichtum
an perfekten Augenblicken
voller Tiefe, Schönheit
und Schwerelosigkeit.

Wenn sich die Türen öffnen,
können wir wie verzaubert
in das Leben eintreten,
wie wir es verstehen.

Das Geschenk unserer Nähe

Es gibt mir viel,
dir viel zu geben.
Dir Schönes zu schenken heißt,
Schönes von dir zu empfangen.
Fließt Lebenselixier
von mir zu dir,
fließt es im selben Augenblick
zurück zu mir.

Schenkender und Beschenkter
werden eins
im Geschenk unserer Nähe.

In deinen Armen liegen

In deinen Armen liegen
und beim Blick in deine Augen
alle Wünsche vergessen,
alle Erinnerungen verlieren,
mit dir schweben
und deinem Atem lauschen,
die Schönheit des Lebens verstehen,
weil die Liebe sie mir erklärt –

mit der klaren Sprache,
die unser Schweigen wählt.

Der Autor

Hans Kruppa ist einer der meistgelesenen deutschen Dichter und Erzähler. Er lebt als freier Schriftsteller in Bremen. Seine Gedichte und Märchen, Erzählungen und Romane, Aphorismen und Kurzgeschichten hat er in rund hundert Büchern mit einer Gesamtauflage von über zwei Millionen Exemplaren veröffentlicht. Einige seiner Bücher wurden in andere Sprachen übersetzt. Für sein schriftstellerisches Werk wurde Hans Kruppa mit dem New Yorker Otto-Mainzer-Preis ausgezeichnet.

„Er vermittelt durch seine Arbeiten Hoffnung, Lebensbewältigung, Kraft. Und das macht ihn so wichtig. Was er zu sagen hat, regt zu tiefem und positiv endendem Nachdenken an."
Passauer Neue Presse

Mehr Informationen: www.hans-kruppa.de